Las estaciones

Otoño

Patricia Whitehouse

Traducción de Patricia Cano

Heinemann Library
Chicago, Illinois

©2003 Reed Educational & Professional Publishing
Published by Heinemann Library,
an imprint of Reed Educational & Professional Publishing
Chicago, IL

Customer Service 888-454-2279
Visit our website at www.heinemannlibrary.com

Designed by Sue Emerson, Heinemann Library
Printed and bound in the U.S.A. by Lake Book

07 06 05 04 03
10 9 8 7 6 5 4 3 2 1

Library of Congress Cataloging-in-Publication Data
Whitehouse, Patricia, 1958–
    [Fall. Spanish]
Otoño / Patricia Whitehouse ; traducción de Patricia Cano
        v. cm. — (Las estaciones)
Includes index.
Contents: What are seasons?—What is the weather like in fall?—What do you wear in fall?—What can
you see in fall?—What can you smell in fall?—What can you hear in fall?—What can you taste in fall?—
What special things do you do in fall?—What do animals do in fall?
    ISBN: 1-4034-0328-7 (HC), 1-4034-0546-8 (Pbk.)
    1. Autumn—Juvenile literature. [1. Autumn. 2. Spanish language materials] I. Title. II. Seasons
(Heinemann Library)
QB637.7 .W4818 2002
508.2—dc21
                                2002068941

Acknowledgments
The author and publishers are grateful to the following for permission to reproduce copyright material:
pp. 4, 5 J. A. Kraulis/Masterfile; p. 6 Michael Melford/The Image Bank/Getty Images; p. 7 Richard Pasley/Stock Boston;
p. 8 Ariel Skelley/Corbis Stock Market; p. 9 Peter Correz/Stone/Getty Images; p. 10 Mark E. Gibson/Visuals Unlimited;
p. 11 Peter Haigh/Alamy; p. 12L Jeff Greenberg/Visuals Unlimited; p. 12R Brock May/Photo Researchers, Inc.; p. 13L John
Gerlach/Visuals Unlimited; p. 13R Ned Therrien/Visuals Unlimited; p. 14L Philip Gould/Corbis; p. 14R Warren Stone/Visuals
Unlimited; p. 15L Ryan McVay/PhotoDisc; p. 15R Brian Hagiwara/Foodpix; p. 16L David Ponton/FPG International/Getty
Images; p. 16R DigitalVision/PictureQuest; p. 17L Eyewire Collection; p. 17R Bob Winsett/Index Stock Imagery, Inc.; p. 18L
Charles Thatcher/Stone/Getty Images; p. 18R Greg Beck/Fraser Photo; p. 19 Bob Daemmrich/Stock Boston; p. 20L Doug
Mazell/Index Stock Imagery, Inc.; p. 20R Jose Luis Pelaez Inc./Corbis Stock Market; p. 21L C Squared Studios/PhotoDisc; p.
21R Darrell Gulin/The Image Bank; p. 22 (row 1, L-R) DigitalVision/PictureQuest, Yellow Dog Productions/The Image Bank;
p. 22 (row 2, L-R) Kent Dufault/Index Stock Imagery, Inc./PictureQuest, Ned Therrien/Visuals Unlimited; p. 22 (row 3, L-R)
Brock May/Photo Researchers, Inc., Robert W. Domm/Visuals Unlimited; p. 23 (row 1, L-R) Greg Beck/Fraser Photo, Peter
Haigh/Alamy; p. 23 (row 2, L-R) Bob Winsett/Index Stock Imagery, Inc., David Ponton/FPG International/Getty Images;
p. 23 (row 3, L-R) Warren Stone/Visuals Unlimited, Brock May/Photo Researchers, Inc.

Cover photograph by Ariel Skelley/Corbis Stock Market
Photo research by Scott Braut

Special thanks to our bilingual advisory panel for their help in the preparation of this book:

Anita R. Constantino
Literacy Specialist
Irving Independent School District
Irving, Texas

Aurora Colón García
Literacy Specialist
Northside Independent School District
San Antonio, TX

Argentina Palacios
Docent
Bronx Zoo
New York, NY

Leah Radinsky
Bilingual Teacher
Inter-American Magnet School
Chicago, IL

Ursula Sexton
Researcher, WestEd
San Ramon, CA

Unas palabras están en negrita, **así**.
Las encontrarás en el glosario en fotos de la página 23.

Contenido

¿Qué es el otoño? 4

¿Cómo es el tiempo en el otoño? 6

¿Qué nos ponemos en el otoño? 8

¿Qué sentimos en el otoño? 10

¿Qué vemos en el otoño? 12

¿Qué olemos en el otoño? 14

¿Qué oímos en el otoño? 16

¿Qué probamos en el otoño? 18

¿Qué hacemos en el otoño? 20

Prueba 22

Glosario en fotos 23

Nota a padres y maestros 24

Índice 24

¿Qué es el otoño?

otoño	invierno

El otoño es una estación del año.

El año tiene cuatro estaciones.

primavera

verano

En muchas partes, vemos y hacemos cosas distintas en cada estación del año.

¿Cómo es el tiempo en el otoño?

El otoño es una estación de cambio.

El tiempo cambia de caliente a frío.

El otoño tiene días brillantes
de sol.

También tiene días de lluvia y frío.

¿Qué nos ponemos en el otoño?

En los días calentitos de otoño, podemos jugar afuera.

No necesitamos chamarra ni suéter.

En los días fríos de otoño,
nos ponemos abrigo y gorro.

¿Qué sentimos en el otoño?

Sentimos las hojas secas.

Sentimos la **escarcha** de las plantas.

Sentimos el aire frío.

¿Qué vemos en el otoño?

Vemos calabazas en los campos.

Vemos manzanas en los **huertos**.

Vemos las hojas de los árboles que cambian de color.

Vemos ardillas que buscan nueces.

¿Qué olemos en el otoño?

Olemos las hojas quemadas.

Olemos el humo de las **chimeneas**.

Olemos un pastel de calabaza.

Olemos otros platillos del otoño, como manzanas acarameladas.

¿Qué oímos en el otoño?

Oímos los **gansos** que graznan en el cielo.

Oímos las hojas cuando las pisamos.

Oímos los gritos de un partido de fútbol americano.

Oímos el chisporreteo de una **fogata.**

¿Qué probamos en el otoño?

Probamos manzanas frescas.

Probamos **sidra de manzana** dulce.

Probamos platillos especiales
del otoño.

Este pavo asado es una comida
del otoño.

¿Qué hacemos en el otoño?

Plantamos árboles.

Decoramos calabazas.

Celebramos las fiestas del otoño.

El Halloween y el Día de Acción de Gracias son fiestas del otoño.

Prueba

¿Qué vemos en el otoño?

Glosario en fotos

sidra de manzana
página 18

escarcha
página 11

fogata
página 17

ganso
página 16

chimenea
página 14

huerto
página 12

Nota a padres y maestros

Leer para buscar información es un aspecto importante del desarrollo de la lectoescritura. El aprendizaje empieza con una pregunta. Si usted alienta a los niños a hacerse preguntas sobre el mundo que los rodea, los ayudará a verse como investigadores. Cada capítulo de este libro empieza con una pregunta. Lean la pregunta juntos, miren las fotos y traten de contestar la pregunta. Después, lean y comprueben si sus predicciones son correctas. Piensen en otras preguntas sobre el tema y comenten dónde pueden buscar la respuesta. Ayude a los niños a usar el glosario en fotos y el índice para practicar nuevas destrezas de vocabulario y de investigación.

Índice

árboles. 13, 20
ardillas 13
calabazas. 12, 15, 20
campos 12
comida
    manzanas. 12, 15, 18
    pastel de calabaza 15
    pavo asado. 19
Día de Acción de Gracias . . 21
escarcha 11
fogata 17
frío 6, 7, 9, 11
fútbol americano 17
gansos. 16

hojas 10, 13, 14, 16
humo 14
lluvia 7
nueces. 13
plantas 11
ropa
    abrigo 9
    chamarra 8
    gorro 9
    suéter. 8
sidra de manzana 18
sol 7
tiempo 6